MEDITACIÓN

Técnicas Simples De Meditación Para Alcanzar Tu Máximo Potencial

(Las Mejores Técnicas De Meditación Para Reducir El Estrés Y La Ira)

Olaf Díaz

Publicado Por Daniel Heath

© Olaf Díaz

Todos los derechos reservados

Meditación: Técnicas Simples De Meditación Para Alcanzar Tu Máximo Potencial (Las Mejores Técnicas De Meditación Para Reducir El Estrés Y La Ira)

ISBN 978-1-989853-74-0

Este documento está orientado a proporcionar información exacta y confiable con respecto al tema y asunto que trata. La publicación se vende con la idea de que el editor no esté obligado a prestar contabilidad, permitida oficialmente, u otros servicios cualificados. Si se necesita asesoramiento, legal o profesional, debería solicitar a una persona con experiencia en la profesión.

Desde una Declaración de Principios aceptada y aprobada tanto por un comité de la American Bar Association (el Colegio de Abogados de Estados Unidos) como por un comité de editores y asociaciones.

No se permite la reproducción, duplicado o transmisión de cualquier parte de este documento en cualquier medio electrónico o formato impreso. Se prohíbe de forma estricta la grabación de esta publicación así como tampoco se permite cualquier almacenamiento de este documento sin permiso escrito del editor. Todos los derechos reservados.

Se establece que la información que contiene este documento es veraz y coherente, ya que cualquier responsabilidad, en términos de falta de atención o de otro tipo, por el uso o abuso de cualquier política, proceso o dirección contenida en este documento será responsabilidad exclusiva y absoluta del lector receptor. Bajo ninguna circunstancia se hará responsable o culpable de forma legal al editor por cualquier reparación, daños o pérdida monetaria debido a la información aquí contenida, ya sea de forma directa o indirectamente.

Los respectivos autores son propietarios de todos los derechos de autor que no están en posesión del editor.

La información aquí contenida se ofrece únicamente con fines informativos y, como tal, es universal. La presentación de la información se realiza sin contrato ni ningún tipo de garantía.

Las marcas registradas utilizadas son sin ningún tipo de consentimiento y la publicación de la marca registrada es sin el permiso o respaldo del propietario de esta. Todas las marcas registradas y demás marcas incluidas en este libro son solo para fines de aclaración y son propiedad de los mismos propietarios, no están afiliadas a este documento.

TABLA DE CONTENIDO

Parte 1 1

Introducción 2

¿Qué Es La Meditación Y Como Puedes Meditar?................ 4

COMO MEDITAR 6

Técnicas De Meditación Para Alcanzar La Felicidad Y Paz Interior... 7

MEDITACIÓN TRASCENDENTAL (MANTRA)...................................... 7
VISUALIZACIÓN 8
MEDITACIÓN CAMINANDO 10
MEDITACIÓN RESPIRATORIA... 11
MEDITACIÓN ESPIRITUAL 13
MEDITACIÓN EN MOVIMIENTO 14
USANDO UN OBJETO VISUAL.. 15
MEDITACIÓN GUIADA... 16

Cómo Prepararte Para La Meditación 19

ELIGE EL LUGAR 19
ELIGE UN MOMENTO CONVENIENTE... 21
VÍSTETE CON ROPA CÓMODA 24
SELECCIONA UNA POSTURA.. 25
TEN UN PROPÓSITO... 26
MANTÉN TUS OJOS CERRADOS 27
NO COMAS MUCHO NI MUY POCO 28
CREA UNA ATMÓSFERA FAVORABLE 29
COMPROMÉTETE CON EJERCICIOS DE CALENTAMIENTO 29
RESPIRA PROFUNDO 30
COMIENZA CON UNA IMAGEN AMPLIA.. 30
CREA COMPARTIMENTOS 31
ANOTA TUS PENSAMIENTOS 32
CREA TU PROPIO ESPACIO DE MEDITACIÓN 32
DATE TIEMPO 33
MEDITA A LA MISMA HORA 34

CALMA EL ESTRÉS ANTES DE MEDITAR 34
EVITAR TOMAR Y FUMAR ANTES DE LA MEDITACIÓN 35

Conclusión 38

Parte 2 40

Introducción 41

Capítulo 1 - Qué Es La Meditación..................................... 47

Capítulo 2 - Falsos Mitos Sobre La Meditación................... 50

Mito Nº1: La Meditación Es Difícil....................................... 50
Mito Nº2: Debes No Poder Pensar En Nada Para Hacer Una Buena Sesión De Meditación 50
Mito Nº3: Necesitas Muchos Años De Práctica Para Obtener Los Beneficios De La Meditación 51
Mito Nº4: La Meditación Es Una Forma De Evadir La Realidad.. 52
Mito Nº5: No Tengo Tiempo Para Meditar.......................... 52
Mito Nº6: La Meditación Es Una Práctica Muy Difícil 53
Mito Nº7: La Meditación Es Una Forma De Controlar Tus Pensamientos 54
Mito Nº8: La Meditación Requiere La Postura, El Tiempo Y El Lugar Adecuados 54

Capítulo 3 - Los Cuatro Métodos Básicos Utilizados En La Meditación 56

Concentración.. 57
Pensamiento.. 59
Visualización.. 61
Experimentación.. 62

Capítulo 4 - Posturas... 63

La Tradicional Postura De Los Siete Puntos De Buda.......... 64

Capítulo 5 - ¿Por Qué Meditar? Beneficios Para La Salud .. 69

La Meditación Te Ayuda A Estabilizar Tus Emociones......... 69
La Meditación Ayuda A Mejorar Tu Salud 71

La Meditación Ayuda A Curar El Aspecto Psicológico 72
La Meditación Ayuda A Agudizar Tu Mente 73
La Meditación Te Ayuda A Aumentar Tu Conciencia 75
La Meditación Te Ayuda A Entender Los Misterios De La Vida 76
Beneficios Psicológicos: 80
Beneficios Espirituales: 81

Capítulo 6 - Problemas Comunes 83

Nº1 - Dificultades Con Los Pensamientos 83
Nº2 - Postura Incómoda 84
Nº3 - Incomodidad 84

Conclusión 86

Parte 1

Introducción

Todos queremos vivir una vida feliz y libre de estrés; sin embargo, la mayoría de la gente no sabe cómo hacerlo. La mayoría de la gente simplemente piensa que para vivir una vida más feliz necesitas poseer muchas cosas. Esto es entendible, porque como seres humanos hemos cometido el error de pensar que podemos ser felices y dejar una vida pacífica y libre de estrés una vez que tenemos todo lo que necesitamos. Sin embargo, esto es bastante erróneo. Hasta que no entiendas que la felicidad no viene de lo que posees sino más bien de adentro, estarás constantemente buscando cosas que te hagan feliz, y créeme, nunca lo serás.

La única manera de alcanzar la felicidad es encontrar la paz interior, que viene de meditar e invertir algunos minutos a diario para calmar tu mente de todos los placeres y tensiones de la vida.

Puede que sepas que la meditación es crucial si quieres alcanzar la felicidad; sin embargo, el mayor problema es que la mayoría de la gente no sabe por dónde empezar cuando se trata de meditación. Este libro es solo para ti, ya que aprenderás las diferentes técnicas de meditación disponibles, que hacer antes de poder meditar y como salir del estado de meditación.

¿Qué es la meditación y como puedes meditar?

Muchas personas alrededor del mundo lanzan la palabra "meditación" simplemente para referirse a "pensar en algo". Sin embargo, la meditación va mucho más profundo que eso: denota ese estado del ser que te permite vaciar tu mente, mirar hacia el interior y despertar tu conciencia interior de tal manera que seas capaz de provocar efectos positivos en tu vida. La meditación es un proceso que se enfoca en una cosa en particular, mientras todo lo demás se atenúa hacia su inexistencia. Adicionalmente, los beneficios que acarrea la meditación hacen que el proceso valga la pena. Algunos de los beneficios de la meditación son:

1. Ayuda a normalizar tu presión sanguínea
2. Reduce en gran medida tus niveles de estrés
3. Te ayuda a eliminar el insomnio y dormir mejor
4. Mejora tu memoria e incrementa tu

funcionamiento cerebral
5. Te da calma interior y te ayuda a alcanzar la paz interior
6. Produce felicidad que viene desde adentro
7. Aumenta tu fuerza de voluntad y te ayuda a alcanzar tus metas
8. Disminuye el riesgo de depresión, especialmente en adolescentes y mujeres embarazadas
9. Te ayuda a entenderte y desatar tu potencial
10. Mejora tu salud en general y reduce el riesgo de enfermedades tales como derrame cerebral y ataque cardíaco.

Los beneficios de la meditación suenan maravillosos, ¿verdad? ¡Claro que lo hacen! La meditación es buena para ambas, tu salud física y mental. Y ciertamente significa buenas noticias para tu billetera, ya que no tendrás que gastar dinero en curar enfermedades. Sin embargo, esto puede hacer que te preguntes cómo meditar para experimentas los maravillosos beneficios. Bueno, ¡no busque más!

Como meditar

Hay una manera fácil de empezar con la meditación. Esto es:

1. Sentándote o recostándote sobre una superficie plana.
2. Asegurándote de que tus ojos están cerrados (para evitar distracciones).
3. Respirando naturalmente, de la manera en que lo haces habitualmente.
4. Concentrándote en tu respiración, la manera en la que inhalas y exhalas, sin intentar modificarla. Si eres principiante, comienza con un período de tres minutos o menos y luego incrementa gradualmente el tiempo de meditación.

Esta es una forma simple en la que puedes alcanzar la meditación. Sin embargo, existen otras maneras en las que puedes meditar. Estas maneras dependen del tipo de técnica de meditación que uses. Ten presente que la meditación ha existido por siglos, y a través de los años han nacido varias técnicas. El próximo capítulo da un vistazo a diferentes técnicas de meditación que puedes utilizar.

Técnicas de meditación para alcanzar la felicidad y paz interior

Hay una cantidad de técnicas de meditación diferentes a tu disposición. Puedes evaluar las diferentes técnicas y elegir las que se adaptan mejor a ti.

Meditación trascendental (Mantra)

Probablemente ya estás familiarizado con la meditación trascendental, también conocida como meditación mantra. Es una técnica de meditación que a menudo se muestra en televisión y películas en las cuales un monje está meditando, repitiendo constantemente el sonido "om". La meditación mantra te involucra repitiendo una y otra vez un sonido, palabra, o incluso una frase que eliges para alcanzar un nivel más profundo de conocimiento y conciencia. Practica la técnica del Mantra de la siguiente manera:

1. Decide la palabra, sonido, o frase que usarás. Asegúrate de que no es demasiado larga, ya que la usarás una y otra vez, y no quieres perder la

concentración. Una sola palabra como "calma" es suficiente.
2. Silenciosamente repite tu palabra elegida y siéntela mientras se mueve en tu mente. Si tu mente tiende a desviarse de repetir el mantra, vuelve a concentrarte en tus pensamientos y continúa con la palabra. El mantra que eliges trabaja para provocar una desconexión entre tus pensamientos y tú creando vibraciones mentales.
3. Sigue repitiendo el mantra hasta que no sea necesario: es decir, hasta que alcances el estado de una conciencia profunda.

Visualización

La mente humana tiene la habilidad de visualizar y crear espacios que son únicamente tuyos. Este es el concepto que utiliza la técnica de visualización. Te llama a visualizar un lugar seguro que tu creas (puede ser basado en un lugar real, pero tu deberías modificar los detalles para reflejar tu personalidad y que eres único).

Mientras usas esta técnica deberías:

1. Visualiza el lugar y reclámalo como tu lugar de serenidad o como un lugar seguro: tu santuario único. Este es el lugar en tu mente donde solo tú tienes control.
2. Comienza una aventura mientras exploras este lugar que has creado en tu mente. Usa tus sentidos para ver, oler, e incluso saborear. Una vez que creas el santuario inicial no necesitas estar constantemente sumándole detalles. En cambio, deja que las imágenes salgan del fondo de tu mente: ve lo que no has puesto conscientemente.
3. Una vez que termines de explorar o cuando quieras abandonar el lugar, no lo hagas tan abruptamente. En cambio, tómate el tiempo para respirar profundamente. Abre tus ojos despacio y vuelve al mundo físico. Después puedes decidir si mantienes el lugar como tu santuario o construyes uno nuevo en tu próxima meditación.

Meditación Caminando

La meditación caminando no implica solo caminar como normalmente lo haces. No, involucra una técnica que deberías usar para alcanzar las metas de tu meditación. Una forma en la que difiere de tu caminata normal es que es una técnica de meditación, y en vez de concentrarte en moverte de un lugar a otro, te concentras en la conexión entre tu cuerpo y pies con la tierra. Necesitas:

1. Encontrar una locación cómoda para llevar adelante tu meditación. Debería ser un área lo suficientemente larga para asegurarte de que no estés constantemente doblando esquinas: debería ser, por lo menos, mayor a seis pasos. También deberías asegurarte de que la locación esté libre de objetos cortantes o protuberantes que puedan hacerte tropezar.
2. Luego de que encuentres un cómodo camino para caminar, junta las manos en tu parte delantera y mira hacia adelante: no mantengas la vista en tus pies o en donde pisas. Comienza tu

caminata meditativa moviendo un pie y luego parando antes de continuar de la misma manera: mueve un pie, detente un momento, luego mueve el otro pie. No muevas tus pies al mismo tiempo: detén un pie antes de mover el otro. Mientras caminas, concéntrate solo en el movimiento de tus pies.
3. Al final de tu camino, quédate quieto antes de girar tu pie derecho. Usa la misma técnica de caminata que usaste en el punto de inicio.

Meditación respiratoria

Respirar es algo en lo que inusualmente pensamos y sin embargo sin ella no estaríamos en condiciones de pensar en lo absoluto. La facilidad con la que nuestro cuerpo realiza la función de respirar, hace a la meditación respiratoria una de las técnicas de meditación más básicas con la que los principiantes pueden aprender. Esta técnica solo requiere que respires y concentres tu atención en esa actividad en particular. Aquí se describe como lo haces:

1. Visualiza tu estómago en tu cabeza (no mires a tu estómago real). Luego, acércate a un área particular sobre tu ombligo que servirá como tu punto focal: el punto donde concentrarás tu atención.
2. Respira como lo haces normalmente visualizando tu punto focal y cayendo con cada respiración que tomas. No comiences una crítica sobre tu patrón de respiración o trates de cambiar tu patrón de forma consciente. En cambio, solo nótalo sin tomar alguna acción para cambiarlo o compararlo.
3. Si encuentras difícil concentrarte en tu punto focal (el punto sobre tu obligo), utiliza una imagen para hacer la visualización más vívida. Imagina una flor posada sobre tu punto focal: visualiza como se despliega y vuelve a plegar con cada exhalación e inhalación respectivamente. Usa una imagen que represente tu respiración sin interferir con ella. Por ejemplo, si utilizas la imagen de un globo, quizás te sientas tentado a poner más aire en él,

cambiando inconscientemente el patrón de tu respiración.

En caso de que tu mente deambule por otras cosas, tráela de vuelta a tu respiración y continúa desde allí.

Meditación espiritual

La espiritualidad es un concepto con el que la mayor parte de la gente en el mundo está familiarizada. Incluso aquellos que no van regularmente a lugares para rendir culto tienen una idea de cómo rezar. La meditación espiritual es básicamente una extensión de tu plegaria. Sin embargo, en vez de cerrar el rezo e irte, lo continúas con un período de tranquilidad: simplemente sentándote quieto. Para comenzar tu meditación espiritual, deberías:

1. Encontrar un área cómoda donde estés libre de distracciones. Si estás en tu casa, elige un lugar tranquilo y apaga la radio y la televisión. Si hay otras personas alrededor, hazles saber que no te interrumpan mientras meditas.
2. Imagine el estado de ánimo que

impregna un lugar de culto y deja que los sentimientos te bañen. Esto pondrá tu mente en un marco espiritual. Puedes cantar o tararear algunas canciones, o leer un verso de un libro religioso antes de decir la plegaria.
3. Di tu plegaria usando palabras familiares de oraciones o diciendo una oración fresca con tus palabras como van saliendo. Cuando termines de rezar, quédate donde estás y continúa meditando.

Meditación en movimiento

Si has estado inmóvil la mayor parte de tu día, probablemente no quieras oír sobre permanecer inmóvil un rato más para meditar. Afortunadamente no tienes que hacerlo, ya que existe una técnica de meditación que involucra movimiento. De hecho, la meditación caminando ya discutida entra dentro de esta categoría. La meditación en movimiento puede también involucrar actividades como limpiar la casa, jardinería, bicicleta, o

incluso yoga. Deberías:
1. Elegir una actividad que requiera que te muevas.
2. Concéntrate en los movimientos que requiere esa actividad y nada más. Por ejemplo, si estás limpiando tu casa, concéntrate en como el cepillo se mueve sobre la superficie que estás limpiando.

Esta es una de las formas más fáciles de meditar porque no tienes que sentarte, sino solamente concentrarte en lo que estás haciendo y alcanzar la paz interior. Mientras que es muy fácil de realizar, también puede ser bastante distractora; por lo tanto, debes ser disciplinado para concentrarte en los movimientos de la actividad en vez de en lo que vas a hacer después.

Usando un objeto visual

Este tipo de técnica de meditación involucra el uso de un objeto visual para ayudarte a alcanzar un nivel de consciencia más profundo. Mantiene los ojos abiertos

y concéntrate en el objeto visual que elijas. Lo primero que necesitas hacer es:
1. Decide que usar como tu objeto visual. Este es el objeto en el que te vas a concentrar mientras meditas. Puedes encender una vela y concentrarte en su llama o puedes seleccionar una piedra o incluso una flor a la cual mirar. Se cuidadoso cuando seleccionas imágenes, ya que no quieres que tu mente comience a analizar las imágenes.
2. Lo segundo que necesitas hacer es ubicar el objeto donde puedas verlo con facilidad sin doblarte o estirarte.
3. Ahora puedes comenzar a mirar tu objeto visual. Concéntrate en él y no permitas que tus ojos se distraigan. El propósito es tener tu visión consumida por el objeto y nada más. Esto te ayudará a llegar a ese lugar sereno que se alcanza con la meditación.

Meditación guiada

Si no estás seguro por donde comenzar o

qué técnica utilizar, puedes optar por la meditación guiada. La meditación guiada es una técnica de meditación que involucra el uso de un guía o profesional que te ayude en tu viaje meditativo. Puede emplear una de las técnicas de meditación ya mencionadas, pero la única diferencia es que hay alguien más guiándote, por eso su nombre. Puedes hacerlo de la siguiente manera:

1. Buscando clases de meditación en tu zona y evaluándolas para tener una sensación del lugar.
2. Haciendo preguntas sobre las técnicas de meditación que utilizan y eligiendo una clase en la que se vayas a sentir cómodo.
3. Asegurándote de que sigues las instrucciones dadas para ayudarte a meditar.
4. Sin tener miedo de probar diferentes clases y técnicas hasta que te sientas lo suficientemente cómodo para aplicar la técnica solo.

Como has visto, existen muchas técnicas de meditación que puedes usar. Lo que hay que recordar es que sea cual sea la técnica que uses, la técnica debe ayudarte a meditar mejor. Quizás tome un poco de pruebas encontrar una técnica que funcione mejor para ti. Sin embargo, no te apures a descartar la meditación solo porque tienes una dificultad en alcanzarla. Comienza despacio como un principiante y aumenta tu tiempo de meditación a medida que te vayas volviendo mejor en eso. Irás mejorando a medida que continúes practicando la meditación. Sin embargo, saber cómo meditar y la técnica que quieres usar en grandioso, pero también necesitas conocer cómo prepararte para tu meditación.

Cómo prepararte para la meditación

La meditación no es un momento, es un viaje. Y como cualquier otro viaje, necesitas preparart bien para alcanzar el máximo éxito. Hay varios pasos que puedes tomar para prepararte para la meditación.

Elige el lugar

El lugar que eliges para meditardeterminará tu éxito o fracaso, especialmente como principiante. Esto es porque la meditación se concentra hacia adentro y los estímulos externos actúan para negar ese propósito, ya que te obliga a notar lo que sucede a tu alrededor. Necesitas encontrar un lugar que sea:
1. Tranquilo y acogedor

    El lugar donde tengas la intención de meditar, debería ser un área que te atraiga, que te de ganas de sacarte los zapatos y simplemente relajarte. Puede ser una habitación dentro de tu casa, o un lugar afuera de tu casa. Si utilizarás una habitación dentro de tu casa, asegúrate de que esté bien ventilada. Las puertas y ventanas deberían estar aseguradas para prevenir que golpeen, ya que esto interfiere con tu meditación. Si meditarás afuera, asegúrate de que no es frecuentado por pájaros o terminarás con caca de pájaro.

2. Calmo

El lugar que elijas debería ser relativamente calmo para permitir que te concentres en tu meditación. Apaga aparatos como la radio y el televisor ya que pueden distraerte, especialmente si tiendes a escuchar con oído crítico. Sin embargo, puedes meditar en lugares con poco ruido, especialmente si son sonidos a los que estás acostumbrado, por ejemplo un reloj, un perro ladrando, o incluso puedes tener sonando música suave (el sonido debería ser lo suficientemente bajo de manera que tu cerebro no se enfoque en las palabras que están cantando). La meditación requiere que botes ruidos sin dejarlos ser el centro de tu atención.

3. Cómodo

   Durante la meditación quizás quieras recostarte, sentarte sobre un felpudo o en una silla. Necesitas encontrar un lugar donde puedas convenientemente acomodarte de la manera que desees. Si quieres recostarte en una cama, sería incómodo tener que llevar tu cama afuera cada vez que quieras meditar. Si quieres sentarte en una silla en especial, podrías ubicarla en un lugar que pueda servir como tu área de meditación.

Elige un momento conveniente

Elegir un momento conveniente es importante, ya que ayudará mucho a relajar la mente para que pueda concentrarse en su meditación. Un momento conveniente podrían ser algunos minutos después de despertarte o unos minutos después de que se ponga el sol.

Algunas personas meditan a la hora del almuerzo, dado que ese es el momento conveniente para ellos. Si estás con otras personas, quizás quieras meditar temprano en la mañana antes de que los demás se despierten. Además de elegir un momento conveniente:

1. Determina el período de tiempo para tu meditación

   El tiempo que te tomes para meditar dependerá del estado en el que estés en tu meditación. Si aún eres un principiante, deberías comenzar con un período de tiempo menor a cinco minutos. A medida que vayas mejorando en meditar, incrementa gradualmente el tiempo de tu meditación. Incluso aquellos que están muy familiarizados con la meditación, no van más allá de los veinte minutos. Sin embargo, quizás mediten un par de veces en un día.

2. Síguelo

   Por lo general, cuando comienzas algo y no funciona, te puedes ver tentado a disminuir tu meta. Si te fijas una meta de cuatro minutos pero solo logras meditar por tres minutos, no reduzcas tu tiempo. Solo mantén tu meta de cuatro minutos y esfuérzate por alcanzarlos en tu próxima meditación. Ten en mente que cuando eres nuevo en algo necesitas seguir con ello hasta que mejores y te resulte más fácil.

3. Sigue el tiempo sutilmente

    Mantener el tiempo cuando estás haciendo una actividad puede jugar en tu contra si se convierte en una distracción en sí mismo. Si sigues controlando el tiempo, entonces estás interfiriendo con tu meditación y trabajando en contra del propósito de meditación en primer lugar. No uses un reloj. En cambio, pon una alarma con el tiempo que quieres cubrir. Asegúrate que la alarma no sonará muy fuerte sino muy suave, para que no te saque abruptamente de la meditación.

4. Minimiza las posibilidades de

perturbación

Muchas personas, especialmente principiantes, encuentran su meditación interrumpida debido a la molestia de otras personas. Puedes encontrar que una vez que comienzas a meditar, el teléfono suena o alguien tiene una pregunta. Puedes evitar esto haciéndoles saber que no te pueden interrumpir en ciertos momentos, ya que no estarás disponible. Esto puede requerir que apagues tu teléfono pero recuerda encenderlo cuando termines tu meditación.

Vístete con ropa cómoda

Una vestimenta restrictiva puede dañar cualquier actividad. Pero cuando la actividad requiere que te relajes, deberías asegurarte que lo que tienes puesto ni interfiera con tu relajación. Una corbata, un cinturón ajustado, ropa que te corta la circulación en ciertas posturas deberías ser evitadas. Por eso deberías:

- Elegir ropa que no sean ajustadas a tu cuerpo. Pantalones de yoga y una remera deberían ser suficiente. Sin embargo, deberías asegurarte también de tomar en cuenta el clima. Si estás meditando afuera y hace calor, usa ropa liviana. Si el clima está frío, usa un sweater cálido para protegerte del frío.
- Improvisa cuando no tienes la posibilidad de cambiarte con ropa cómoda. Por ejemplo, quizás uses tu oficina de trabajo para meditar cuando estás en un descanso. Si este es el caso, quítate los zapatos, afloja tus botones o tu corbata y cinturón antes de meditar.

Selecciona una postura

Olvídate de las posturas de meditación que ves en televisión, en especial si tu cuerpo no está acostumbrado a tal elongación. Se supone que la meditación se tiene que hacer en una atmósfera relajada, no en una potencialmente dolorosa. Sin embargo, sea cual sea la postura que elijas, deberías por lo menos estar equilibrado y derecho. Puedes:

- Sentarte en una colchoneta o sillón, menos las piernas cruzadas.
- Sentarte en una silla; úsala como tu silla de meditación. Puedes comprar una silla especial solo por el propósito de meditar.
- Recuéstate en una superficie cómoda. Asegúrate que la superficie no es muy dura o terminarás experimentando sufrimiento y dolores luego de que termines con la meditación.

Cualquiera se ala postura que elijas, asegúrate de estar cómodo y de poder mantener la postura durante el período de tu meditación.

Ten un propósito

La meditación nunca ha sido un proceso pasivo. Tienes que esforzarte activamente para concentrar tus pensamientos en un punto singular. No es algo fácil de alcanzar, de ahí el aumento gradual en el tiempo de meditación. Sin embargo, si tienes un propósito, un motivo por el cual comprometerte con la meditación, entonces estarás más concentrado dado que querrás alcanzar ese propósito. Si quieres alcanzar la paz interior y la felicidad a través de la meditación, anticipar los beneficios te mantendrá en el camino aunque experimentes algunas dificultades.

Mantén tus ojos cerrados

Cuando comienzas tu meditación, mantén tus ojos cerrados para bloquear las imágenes a tu alrededor y para ayudar a concentrarte en el interior. Cerrar tus ojos quita la posibilidad de experimentar estimulación visual externa. Sin embargo, algunas personas tienen dificultad para concentrarse con los ojos cerrados y sienten que se están cayendo. Si mantener los ojos cerrados en un problema para ti, puedes meditar con los ojos abiertos o puedes encender una vela y concentrarte en la llama.

Como con la mayoría de las cosas, puedes

hacer cosas para incrementar la efectividad de tu meditación. Estas cosas tienden a ayudarte a meditar por períodos más prolongados de tiempo y entrar a una atmósfera de relajación donde puedes, entonces, concentrarte en una cosa. Para incrementar la efectividad de tu meditación necesitarás hacer algunas cosas.

No comas mucho ni muy poco

La meditación requiere de tu máxima atención. Desafortunadamente, cuando tu estómago está muy lleno, las funciones de tu cuerpo trabajan extra para deshacerse de lo que el cuerpo no necesita. Puedes descubrir que tus sentidos se vuelven más embotados y que te duermes de a ratos. Definitivamente este no es un buen momento para meditar. Por otro lado, si intentas meditar con el estómago vacío, puedes terminar deteniéndote por los dolores por hambre, especialmente si estás meditando por períodos más largos. Por eso, necesitas evitar los dos extremos mientras meditas.

Crea una atmósfera favorable

Algunas personas encuentran más relajante tener un ritual antes de la meditación. Esto quizá incluya hacer cambios al lugar donde meditarán. Pueden encontrar comodidad encendiendo velas, quemando incienso o poniendo música clásica suave. Podrías agregar plantas en maceta a una habitación interna o invertir en una silla de meditación que solo tienes para ese propósito.

Comprométete con ejercicios de calentamiento

Necesitas estirar antes de comprometerte con la meditación, especialmente si has pasado gran parte de tu tiempo en estado sedentario. Ten en mente que la mayoría de las técnicas de meditación requieren que permanezcas quieto por un rato. Si no has estirado tus músculos, quizás no seas capaz de mantenerte quieto ya que te sentirás incómodo. Estira las diferentes partes de tu cuerpo; tus piernas, muslos, cuello, y hombros para ayudar a aflojar tus músculos y quedar relajado.

Respira profundo

Mientras te preparas para la meditación, tómate algunos minutos para adentrarte en la respiración profunda. Inhala profundamente y exhala lentamente. Esto te ayudará a enfocar tu mente y relajar los músculos de tu cuerpo. Te pondrá en una buena posición para comenzar la meditación. Sin embargo, cuando comienzas a meditar, deberías respirar como lo haces normalmente.

Comienza con una imagen amplia

Un requerimiento básico de la meditación es que te concentres en una sola cosa. Sin embargo, esto puede ser difícil si estás acostumbrado a asimilar tu entorno. Tu mente naturalmente quiere explorar e investigar cualquier cosa que esté sucediendo fuera de tu cuerpo. Comenzando con una imagen amplia en lugar de profundizar en una sola imagen puede funcionar para ti. Esto funciona bien especialmente si empleas el uso de un objeto visual en tu meditación. Cuando ubicas el objeto visual, no comiences concentrándote directamente en el. En cambio, mira alrededor y toma el resto de las cosas a tus alrededores. Una vez que termines enfoca tu objeto visual y deja que tus ojos se concentren en él. Esto evitará que te preguntes que más hay en tus alrededores, como ya sabes.

Crea compartimentos

Algo que puede desanimarte de meditar es si constantemente pierdes la concentración mientras meditas. Usualmente, comienzas a meditar y luego algo se te cruza por la mente; una emoción o sentimiento que tiende a desequilibrarte. Cuando esto sucede, reconoce el sentimiento; crea un compartimento mental con su nombre y luego vuelve a tu foco. Cuando haces esto, le estás dejando saber a tu mente que sí, tomaste nota del sentimiento y lo has archivado para investigar más adelante, pero no en este momento.

Anota tus pensamientos

A medida que transcurre tu día, atraviesas situaciones que tienden a afectar tus emociones. A veces cuando algo sucede y te molesta, no eres capaz de expresar tus sentimientos en ese momento en particular o a esa persona en particular. Los sentimientos, sin embargo, volverán más tarde cuando menos te lo esperes. Esto podría pasar cuando meditas y, por lo tanto, prestas atención a tu punto de enfoque. Sin embargo, puedes evitar que los sentimientos se apoderen de tu sesión de meditación anotándolos de antemano. Descarga tus sentimientos en papel cuando tengas la posibilidad y antes de tu sesión de meditación. De esta manera, si los sentimientos florecen mientras estás meditando, puedes gentilmente recordarte que ya los has anotado y que los puedes volver a mirar más tarde. Esto te permitirá colocar tu foco nuevamente en la meditación.

Crea tu propio espacio de meditación

Cuando eliges un lugar para tu meditación,

asegúrate de que es un lugar que puedes seguir utilizando para meditar siempre que quieras. Si utilizas una silla, asegúrate de ubicar la silla en un lugar en particular cada vez y que utilizas esa silla para meditar y para nada más. Esto entrenará tu mente para asociar a esa silla con la meditación, y por eso tu mente estará preparada siempre que te sientes en esa silla.

Date tiempo

Cuando comienzas tu viaje meditativo, puedes encontrar que las cosas no van como pensaste que lo harían. Podrías encontrar que aún no conoces tu tiempo promedio o que no te enfocas bien. No te enojes contigo mismo. Mantén en mente que el propósito de la meditación es colocarte en un mejor marco mental y ayudarte a relajar y alcanzar la paz interior. Date tiempo para ajustarlo y seguir, ya que conseguirás mejores resultados con la práctica.

Medita a la misma hora

Sería mejor para ti meditar a la misma hora cada día. De esta manera, la práctica lentamente se volverá parte de tu rutina diaria. Por ejemplo, cuando te levantas en la mañana, puedes hacer de la meditación un hábito antes de comenzar tu día. Mientras continúes haciendo esto, comenzarás a ver los resultados inmediatos y a largo plazo de la meditación.

Calma el estrés antes de meditar

A veces cuando quieres meditar, especialmente por las noches, puedes encontrar que te sientes estresado, cansado, y probablemente dolorido. Esto podría interferir con tu meditación, ya que estarás demasiado cansado para concentrarte en una cosa. Puedes tratar de calmar los dolores del día tomando una ducha caliente o sumergiéndote en una bañera. También puedes hacer un baño de pies para remover cualquier dolor que sientas. Una vez que tu cuerpo se relaja, puedes entonces comenzar tu rutina de meditación.

Evitar tomar y fumar antes de la meditación

Algunas actividades tales como tomar alcohol, fumar, y ver televisión podrían interferir con tu meditación y deberían evitarse si quieres sacar el mejor provecho de la meditación. Tomar y fumar enlentece los sentidos, mientras que mirar televisión revuelve tus emociones mientras te abordan diferentes escenas en poco tiempo. La meditación requiere tu completa concentración, y por eso, cualquier cosa que interfiera con eso debería evitarse.

No hay dudas de que la meditación es un maravilloso hábito para cultivar. Sin embargo, necesitas acompañarla con acciones en tu vida diaria. Puedes hacerlo:
1. Entendiendo la esencia de la meditación
   Como se ha dicho anteriormente, la meditación no es una moda pasajera; es un viaje que te guía hacia una

consciencia más profunda. Sin embargo, como principiante tomará tiempo antes de que puedas entrar completamente en un nivel de consciencia profunda. Los yoguis y monjes son buenos alcanzando su conciencia profunda porque lo han hecho por años. Cuando tu viaje comience, no te preocupes por la calidad, solo disfruta los resultados. Y cuando la paz interior te envuelva, estarás más inclinado a continuar tu viaje.

2. Lee libros que te inspiren

   Todos pueden hacerlo con un poco de inspiración en sus vidas. Leer historias inspiradoras, detallando viajes espirituales podría permitirte ver dónde estás en tu propio viaje y donde planeas estar. Ver el éxito y felicidad de otros levanta tu espíritu y te coloca en un mejor marco mental para ver las cosas con claridad.

3. Cultiva hábitos de vida saludables

   Si hay algo que puede ayudarte a meditar mejor, es cultivar un estilo de vida saludable. Haciendo ejercicio, comiendo bien, y durmiendo lo suficiente, estarás preparando tu cuerpo y mente para la meditación. Serás capaz de permanecer sentado por mayores períodos de tiempo y tu mente estará lo suficientemente descansada para concentrarse en una cosa.

Conclusión

Se puede decir mucho sobre la meditación pero lo esencial para recordar es que no hay una sola manera correcta de meditar. Las muchas técnicas existentes dan fe de esto. Es por esta razón que deberías experimentar con las diferentes técnicas de meditación disponibles y tratar de ver cual funciona mejor para ti. Ten en mente que una técnica que funciona para un amigo o familiar puede no funcionar para ti. Sin embargo, cuando comiences tu viaje, empieza despacio e incrementa el tiempo gradualmente. Incrementar tu tiempo de meditación es como entrenar para una maratón. Un día comienzas con solo un minuto y el próximo incrementas la longitud en un minuto y medio y antes de que te des cuenta habrás cubierto los veinte minutos recomendados por expertos. Los beneficios de la meditación son suficientes para mantenerte interesado en este poderoso hábito. Abraza la meditación en tu vida diaria y déjala ayudarte para alcanzar la paz interior, encuentra felicidad interior real y libera tu verdadero potencial.

Finalmente, antes de que te vayas, quiero decir cálidamente "gracias" ¡desde lo profundo de mi corazón! Me he dado cuenta que hay muchos e-books en el mercado y tu decidiste comprar este, y por eso estaré eternamente agradecido. ¡Un millón de gracias por leer este libro completamente hasta el final!

Parte 2

Introducción

De ninguna forma es legal reproducir, duplicar o transmitir cualquier parte de este documento mediante vía electrónica o formato impreso. Está estrictamente prohibido guardar o almacenar esta publicación sin el permiso escrito del editor. Todos los derechos reservados.

La información proporcionada en este documento es verídica y consistente. Por lo tanto, a efectos de responsabilidad, el único y absoluto responsable en cuanto a falta de atención o cualquier otra falta, el uso o el abuso de las reglas, procesos o directrices contenidas en este libro es el lector de la obra. Bajo ninguna circunstancia se podrá pedir responsabilidades jurídicas o culpabilidad al editor por cualquier reparación, daños y perjuicios o pérdida de dinero debido a la información de esta publicación, ya sea directa o indirectamente.

Los respectivos autores tienen todos los derechos de copyright que no posea el editor.

Aviso legal:

Este libro está protegido por las leyes del copyright. Solo es para uso personal. No se puede modificar, distribuir, vender, utilizar, citar, o parafrasear cualquier parte o el contenido entero de este libro sin el consentimiento escrito del autor o del propietario del copyright. Se tomarán medidas judiciales contra cualquiera que quebrante esta norma.

Descargo de responsabilidad:

La información contenida en este documento solo sirve como medio educativo y de entretenimiento. Se ha hecho todo lo posible para proporcionar una información rigurosa, completa, actualizada y fiable. No obstante, no hay garantía expresa ni implícita de ningún tipo. El lector reconoce que el autor no se dedica a proporcionar consejo judicial, financiero, médico o profesional.

Al leer este documento, el lector acepta que bajo ninguna circunstancia ni el autor ni el editor es responsable de cualquier pérdida, tanto directa como indirectamente, en la que incurra como resultado del uso de la información contenida en este documento, en el que se incluye (pero no se limita a) errores, omisiones o inexactitudes.

Es maravilloso que estés interesado en la meditación, puesto que tiene muchísimos beneficios que puedes estar perdiéndote si no lo intentas. Esta guía puede ser tu primer paso a otro mundo, uno en el que la relajación y la producción de energía realmente son posibles.

Este libro contiene mucha información sobre cómo liberar la mente de emociones y pensamientos negativos como el estrés, aunque también te indica cómo disfrutar de los beneficios que obtienes al practicar la meditación con regularidad.

Es de vital importancia saber que las técnicas de meditación no son un fin en sí mismas, sino que son vehículos para llegar a un fin. La meditación no se ha ideado para fomentar la competición ni la agresividad.

Incluso puedes llegar a ser muy bueno en centrar tu atención en la mente y ser capaz de sentarte con tranquilidad durante horas enteras solo concentrándote en el ciclo de la respiración. Con el tiempo puedes llegar a convertirte en una especie de atleta espiritual.

Sin embargo, si no eres capaz de utilizar tus dotes de atención para ser más positivo, más amable y más compasivo, todo lo que hagas no tendrá sentido. Para tener éxito con la meditación, todo lo que realmente tienes que hacer es estar abierto a nuevas ideas y llevar a cabo los consejos que doy a lo largo de este libro.

Capítulo 1 - Qué es la meditación

El primer paso para dominar la meditación es saber y comprender por completo qué es la meditación. Algunos lo ven como una especie de práctica religiosa utilizada por los budistas u otras tradiciones orientales. Otros lo relacionan con las prácticas espirituales y sagradas.

Al contrario de lo que la gente cree, la meditación no está basada en un sistema de creencias. No fomenta ninguna religión en particular ni se necesita ninguna religión para practicarla. En realidad, la meditación solo se ciñe a canalizar tu atención para centrar tu mente en un sujeto específico. Cuando prefieres comer ensalada en lugar de burritos para comer, ya has meditado sobre los pros y los contras de por qué la ensalada va a ser mejor para ti. Leer el periódico o ver una película también es una forma de meditación.

La gran pregunta es: ¿Cómo puedes utilizar la meditación para cosechar los beneficios para la salud que conlleva realizar esta práctica? Muchas tradiciones religiosas utilizan a menudo nuestra tendencia humana a estar siempre pensando, adquiriendo nuevos conocimientos y viviendo experiencias para ayudarnos a mejorar nuestras vidas.

Y puesto que meditamos más a menudo de lo que nos damos cuenta, sería mejor que fuéramos más conscientes de las cosas que elegimos para meditar.

Pensar es una parte inevitable de nuestras vidas. Mediante la meditación, también podemos utilizar el pensamiento para centrarlo de forma consciente en las cosas positivas o en los aspectos beneficiosos de aquello en lo que nos estamos concentrando.

Además, la meditación puede ayudarnos a entender mejor nuestras emociones. También puede servir para desarrollar hábitos positivos para nuestro cuerpo, espíritu y mente.

Capítulo 2 - Falsos mitos sobre la meditación

Mito nº1: La meditación es difícil

En realidad sería verdad afirmar casi lo contrario. Ni siquiera necesitas instrucciones de un profesor con experiencia, simplemente puedes empezar ahora mismo. Se supone que la meditación debe ser divertida y fácil, no una tarea que te sientas obligado a hacer o algo que esté reservado solo para la gente muy espiritual, como intentan vendernos algunos medios de comunicación.

Mito nº2: Debes no poder pensar en nada para hacer una buena sesión de meditación

La verdad es que, como principiante, tu

mente irá a mil por hora cuando intentes apaciguarla. Esto no supone ningún problema, puesto que ni siquiera necesitas eliminar el pensamiento para practicar la meditación.

Los único que en realidad debes hacer es quedarte quieto, sentado, y observar los pensamientos que salen a la luz sin que les hayas prestado atención o te hayas identificado con ellos.

Mito nº3: Necesitas muchos años de práctica para obtener los beneficios de la meditación

Según el estado mental en el quete encuentres antes de realizar la sesión de meditación, los beneficios pueden ser inrecíbles e inmediatos. En primer lugar, serás capaz de calmar tu cuerpo y reducir tus pensamientos. Cuanto más practiques, más tiempo podrás pasar en ese estado mental.

Mito nº4: La meditación es una forma de evadir la realidad

Esto es un completo disparate, puesto que el propósito real de la meditación se basa en ponerse en contacto con tu verdadero yo, con tus pensamientos y sentimientos más profundos. Se trata de sintonizar con uno mismo, no de desconectarse de sí mismo.

Mito nº5: No tengo tiempo para meditar

Puedes meditar en cualquier parte, incluso

en un lugar público, y puedes empezar con solo cinco minutos al día para obtener beneficios. La idea de que alguien en realidad no tenga tiempo para dedicar cinco minutos a la meditación es ridícula.

Mito nº6: La meditación es una práctica muy difícil

Es difícil si tomas como meta el "no pensar en nada" o si te autoflagelas cada vez que te estremeces o mueves un poco una parte de tu cuerpo. No obstante, si te pones como meta el sentarte durante un periodo de tiempo determinado mientras observas tus pensamientos, no es en absoluto difícil. Para ser honestos, es bastante relajante.

Mito nº7: La meditación es una forma de controlar tus pensamientos

No puedes controlar los pensamientos, ni siquiera aunque hayas practicado la meditación durante años. Los pensamientos pueden ser canalizados hasta cierto punto, pero la mejor opción es la de separarse de ellos y observar cómo aparecen y desaparecen.

Mito nº8: La meditación requiere la postura, el tiempo y el lugar adecuados

Puedes meditar literalmente en cualquier lugar. En casa, en la estación de tren, en tu oficina... Puedes sentarte en la posición del loto, aunque también puedes meditar mientras estás sentado en una silla o tumbado en la cama. Lo que te funcione será perfecto para ti, puesto que no hay reglas definidas.

Capítulo 3 - Los cuatro métodos básicos utilizados en la meditación

Se puede realizar la meditación sobre todo si asignas algún tiempo a centrar deliberadamente tu mente en cosas positivas y provechosas. Ahora hay una amplia variedad de técnicas de meditación entre las que elegir. Puedes probar sin miedo muchas de estas técnicas para saber cuál funciona mejor contigo o con cuál te sientes más cómodo.

Incluso puedes improvisar tus propias prácticas de meditación. Quizá te interese buscar un profesor de meditación que sea un guía para ti y te asista de forma adecuada. No obstante, a pesar de la cantidad de prácticas que están disponibles para la meditación, todas están basadas en cuatro técnicas generales. La mayoría de practicantes combina cada una de estas técnicas, mientras que otros desechan algunas de estas y se centran en las técnicas con las que se sienten más cómodos.

En este capítulo examinaremos estos cuatro métodos básicos para ayudarte a determinar cuál es el más apropiado para ti y el que te funcionará mejor.

CONCENTRACIÓN

Intenta concentrar tu mente sobre algo concreto. Puede ser un objeto externo como una piedra o el agua, así como una imagen de la Virgen María, Jesucristo o

Buda. O bien puedes centrar tu atención en sensaciones internas como la circulación de tu sangre, tu respiración o los latidos de tu corazón.

Este método pretende separar tu mente del pensamiento constante y te proporciona un sentimiento de calma y paz. El centrar tus pensamientos en un sujeto particular te permite estabilizar tu mente y concentrarte. También puedes descubrir algunos patrones emocionales mientras meditas. Esto, a su vez, te ayuda a aprender más sobre ti mismo.

La forma más fácil y poderosa de realizarlo es concentrarse en las sensaciones corporales, como el hormigueo en los dedos de las manos o de los pies. Al usar este método tienes un ancla para estar presente con mucha facilidad. Es mucho más fácil que intentar cambiar tus pensamientos.

La concentración también puede ayudarte a prepararte para otras formas de meditación.

PENSAMIENTO

Sería muy fácil decir que dejemos de pensar y nos concentremos. Pero naturalmente, es muy difícil limpiar tu mente de los pensamientos constantes. Puesto que estamos preocupados por diferentes actividades y perseguimos varios intereses, el pensamiento se convierte en el segundo estado natural de los humanos.

En el caso de que te encuentres luchando para huir de tus pensamientos, intenta estabilizar tu mente y centra tu atención. Entonces ponte a pensar en un tema determinado. Podrías reflexionar sobre algunas virtudes que desees desarrollar, como la paciencia o la prudencia.

Medita sobre algo para intentar producir un cambio positivo en tu vida y pensar en ello de una manera concentrada. Cuando meditas, también estás entrenando a tu mente para que sea más positiva.

La clave está en no involucrarte activamente en tus pensamientos, sino intentar observarlos desde fuera. Acepta todo lo que venga a tu mente, obsérvalo y mira cómo se desvanece al final. Nunca te autoflageles al creer que "piensas demasiado", puesto que con el tiempo mejorará tu meditación. Todo lo contrario, céntrate en observar tus pensamientos.

VISUALIZACIÓN

Visualizar ayuda muchísimo si quieres manifestar tus deseos e intenciones como cambiar tu realidad, modificar tu actitud e incluso cambiar los procesos de tu cuerpo. Varias técnicas de meditación te pedirán que visualices algo, de forma que materialices una fotografía en tu cabeza y te concentres en ella de forma intencionada.

EXPERIMENTACIÓN

En ciertas técnicas de meditación notarás que eres guiado a través de un proceso de alguna clase, para después pedirte que experimentes lo que vaya surgiendo. Por ejemplo, pueden pedirte que experimentes tus sentidos mediante la canalización de tu atención hacia un vaso de agua.

Este método también se puede utilizar para romper las barreras potenciales que pueda haber en tu relación y en tu intimidad si lo practicas con tu compañero y aprendéis juntos.

Capítulo 4 - Posturas

La meditación se puede llevar a cabo en cualquier posición: de pie, sentado, tumbado, caminando, reclinado o incluso haciendo otras cosas que te ayuden a concentrarte. Y puesto que la mayoría de expertos en meditación creen que el cuerpo y la mente están profundamente ligados entre sí, la postura del cuerpo también adquiere la misma relevancia que la mente durante la meditación.

La mayoría de prácticas de meditación requieren estar sentado porque ayuda a relajar el cuerpo con mayor facilidad. Sentarte cómodamente puede liberar a tu mente del estrés y de otros elementos negativos, con lo que podrás concentrarte con mucha más facilidad.

Una de las posturas más populares de la meditación es la postura tradicional de los siete puntos de Buda. Si dominas esta postura,esta te ayudará a tener más sentido de control y paz, así como a reforzar tu mente. Tu cuerpo también ayuda a canalizar las energías y los sistemas en un estado de equilibrio.

La tradicional postura de los siete puntos de Buda

1 - Siéntate derecho sobre un cojín de forma que tu trasero quede un poco elevado para asegurar que las rodillas estén cerca del suelo. Inclínate ligeramente hacia adelante a la vez que

sigues sentado en el cojín.

2 - Cruza las piernas de forma que tu pierna derecha quede por encima de tu pierna izquierda. Las plantas de los pies deben estar planas encima de los muslos, de manera que ambos pies formen una línea recta.

3 - Relaja los hombros y asegúrate de que están posicionados a la misma altura.

4 - Comprueba que la barbilla está paralela al suelo e inclínala hacia adentro si fuese necesario.

5 - Relaja los ojos y no fijes la mirada en nada en particular. Mira un metro (o tres pies) hacia adelante.

6 - Descansa la lengua contra el paladar. Intenta respirar a través de la nariz y al mismo tiempo abre un poco los labios y haz que se toquen tus dientes, pero sin apretar.

7 - Las manos no son parte de la postura de los siete puntos, pero idealmente hablando deberían estar con las palmas hacia arriba, una mano encima de la otra. No deben estar cerca de las piernas o de los pies, aunque deben colocarse cuatro dedos por debajo del ombligo.

Otro consejo importante: puedes creer que cerrar los ojos te ayudará a concentrarte mejor. Esto es verdad sobre todo para los principiantes. Sin embargo, sería mejor aprender a meditar con los ojos abiertos, puesto que meditar con los ojos cerrados puede fomentar las fantasías y todo tipo de distracciones o pensamientos. Cuando esto sucede, tu meditación se asocia a otro mundo o un mundo interior, en lugar de ser una forma realista de observar este mundo.

La relajación es simplemente vital. Como todo el mundo, tu cuerpo contiene una enorme cantidad residual de tensión y estrés. Incluso mientras estás meditando puedes sentir presión o tensión en tu cuerpo a causa de la postura. Es por esto que debes prestar atención a las diferentes partes de tu cuerpo donde empiece a producirse la tensión y ajustar la postura cuando sea necesario por medio de micromovimientos.

Asegúrate también de que la espina dorsal está recta y, si encuentras alguna dificultad para doblar las piernas, intenta hacerlo lo mejor posible o siéntate en una silla. Si estás empezando a meditar y eres una persona mayor, no te fuerces a sentarte en la postura tradicional. Recuerda que uno de los objetivos de la meditación se basa en ayudarte a ser un individuo más amable, por lo que sé amable contigo mismo en primer lugar antes de practicarlo con los demás.

Capítulo 5 - ¿Por qué meditar? Beneficios para la salud

Uno puede preguntarse por qué la meditación sigue siendo tan popular a través de diferentes culturas y durante más de un mileno. Esto es debido a la cantidad de beneficios que pueden derivarse de practicarla, incluidos los beneficios físicos, emocionales, espirituales, mentales y psicológicos.

La meditación te ayuda a estabilizar tus emociones

El estrés puede ser peligroso y mucho más que eso, puede llegar a ser fatídico, puesto que las personas que llevan una vida muy estresante son más propensas a desarrollar enfermedades o problemas de salud que pueden incluso causarles la muerte. Como cada vez se incrementa la demanda de horas de trabajo así como sube también el nivel de vida, es obvio por qué incluso las cosas más sencillas nos pueden llegar a irritar o enfadar.

Tener tantos trastornos en el trabajo o en tu vida personal así como no poder descansar bien puede ahogarte en el miedo y la ansiedad. Peor todavía, puedes desarrollar una tendencia a convertirte en una persona celosa o resentida por el éxito y los logros de los demás.

Aquí es donde la meditación juega un rol fundamental. La meditación te permite ser consciente de tus patrones emocionales.

Para otras personas, la meditación también sirve como una herramienta que les ayuda a transformar las emociones negativas o los sentimientos malos en emociones positivas.

La meditación ayuda a mejorar tu salud

Solo con meditar y concentrarte en tu respiración puedes ayudar a bajar la frecuencia cardíaca, la presión arterial, deshacerte de las preocupaciones irritantes y eliminar la tensión o el estrés.

Algunos estudios no contrastados incluso citan que el pensamiento positivo que se deriva de la meditación quizá pueda ayudar en varias enfermedades como el cáncer o enfermedades coronarias. Con la meditación también puedes lidiar mejor con el dolor, así como prevenir las enfermedades. Te aporta paz mental, alegría y felicidad interior, sentimientos esenciales para aliviar tu estado mental, que a la vez ayuda a incrementar la longevidad.

La meditación ayuda a curar el aspecto psicológico

Si en cualquier momento de tu vida te encuentras con desafíos personales que no puedes superar o resolver por ti mismo, busca ayuda profesional. Si quieres recuperarte un poco más rápido, la meditación puede ayudarte a mejorar tu terapia.

Tener problemas de adicción, traumas,

penas sin resolver, una infancia dura u otros problemas psicológicos son solo algunos de los problemas personales que la meditación puede abordar, puesto que puede ser un medio efectivo para reorganizar tu estado psicológico, emocional y mental durante el proceso de curación.

Además, la meditación te aleja del odio a ti mismo y de todo tipo de negatividad. No solo sirve como compañero por la senda del proceso de curación, sino que también te permite tener responsabilidades mientras intentas recuperarte.

La meditación ayuda a agudizar tu mente

Durante la meditación, tener una mente

estabilizada te ayuda a mejorar tus sesiones para el despertar espiritual, el autodesarrollo y la curación. También puedes utilizar estas habilidades mentales mejoradas en tu vida laboral y personal, que te ayudarán a ser un mejor empleado, un mejor jefe, un mejor amigo, esposo o padre.

Si eres capaz de concentrarte a pesar de la torrencial carga de trabajo y la presión abrumadora, también consigues que las tareas parezcan más fáciles para ti y para tus compañeros de trabajo.

El mismo principio se aplica si eres capaz de centrar toda tu atención en un ser querido, puesto que refuerzas tu amor y tu relación.

La meditación te ayuda a aumentar tu conciencia

La mayoría de nosotros vive en un entorno acelerado y recibimos demasiados estímulos de la sobrecarga de trabajo, de las tiendas, de los medios electrónicos y de cualquier otra forma de actividad. Esto, a su vez, puede causar que algunas personas tengan dificultades para centrarse y prestar atención. A lo largo de los años, los casos de trastorno de déficit de atención se han multiplicado a la velocidad de la luz, sobre todo entre los adultos que viven en zonas urbanas.

Cuando las tareas pendientes se amontonan en tu despacho, tiendes a preocuparte mucho más, por lo que te cierras en banda. Seguramente es un tipo de mecanismo cuando no eres capaz de comer más de lo que puedes masticar. Por culpa de tener que hacer muchas cosas al mismo tiempo y de hacer siempre las cosas deprisa y corriendo, te das cuenta de que estás perdiendo tu capacidad de ser completamente consciente de lo que sucede a tu alrededor.

La meditación te ayuda a entender los misterios de la vida

Si estás cansado de ver el mundo desde un punto de vista carnal y mundano, siempre puedes elegir la meditación para transformarlo y sobrepasarlo. Si te gustaría contemplar el propósito o destino de tu vida, lo sagrado de la realidad o tu conexión con el universo, la meditación te dará las respuestas.

El término "espiritualidad" puede parecer trillado, pero esta palabra tiene su raíz en el vocablo "espíritu", que hace referencia a la fuerza vital y la energía inteligentes que impregnan el universo entero. Puedes pensar que esa fuerza es Dios Todopoderoso, Buda, Cristo o cualquier poder superior.

A través de la meditación puedes acceder a esa mente preclara. Y con la práctica constante puedes desarrollar una mente iluminada tú mismo, liberando tu cuerpo y tu mente de todas las energías negativas para llevar una vida más feliz y saludable.

¿Todavía no te convence? Entonces te proporcionamos una lista con 43 beneficios de la meditación.

Beneficios físicos:

1- La meditación disminuye la frecuencia respiratoria.

2- La meditación reduce el consumo de oxígeno, incluso si acabas de empezar.

3- Aumenta la circulación sanguínea y disminuye la frecuencia cardíaca.

4- Incrementa la tolerancia al ejercicio.

5- Lleva a un nivel más profundo de relajación física.

6- La meditación ayuda a las personas que tienen la tensión arterial alta.

7- Reduce el nivel de lactato en sangre y las probabilidades de sufrir un ataque de ansiedad.

8- Elimina o reduce la tensión muscular.

9- Ayuda en enfermedades crónicas como alergias, artritis, etc.

10- La meditación mejora el sistema inmunológico de varias formas.

11- Delimita la actividad de los virus y el estrés emocional.

12- Estimula la energía física, la concentración y la claridad.

Ayuda con la dieta o la pérdida de peso al reducir las ganas de pegarse un atracón.

13- Reduce los radicales libres y minimiza los daños en los tejidos.

14- Disminuye el nivel de colesterol y el riesgo de enfermedades cardiovasculares.

15- Aumenta el flujo de aire a los pulmones para poder respirar mejor.

16- Frena el proceso de envejecimiento al reducir el nivel de estrés.

17- Al estar calmado, sudas con menos frecuencia.

18- Puede ayudar a prevenir o curar los dolores de cabeza y las migrañas.

Beneficios psicológicos:

1- Relaja el sistema nervioso.

2- Estimula la confianza en uno mismo.

3- Incrementa los niveles de serotonina, influye en el estado de ánimo y en el comportamiento.

4- La meditación puede ayudarte a superar tus miedos y fobias.

5- Ayuda a controlar tus pensamientos.

6- Ayuda con la concentración.

7- Mejora la capacidad de aprendizaje y la memoria.

8- Intensifica los sentimientos de vitalidad y rejuvenecimiento.

9- Aumenta la estabilidad emocional.

10- Al vivir el momento es más fácil eliminar malos hábitos.

Beneficios espirituales:

1- Ayuda a ver las cosas con perspectiva.

2- Proporciona paz mental y felicidad.

3- Aumenta la compasión hacia uno mismo y hacia los demás.

4- Ayuda a comprender con mayor profundidad a uno mismo y a los demás.

5- Armoniza el cuerpo, la mente y el espíritu.

6- Incrementa la aceptación de uno mismo.

7- Enseña a perdonar.

8- Puede ayudar a cambiar tu actitud hacia la vida.

9- Potencia la franqueza interior.

10- Ayuda a vivir el momento presente.

11- Crea una capacidad profunda para amar.

12- Descubre el poder y la consciencia más allá del ego.

13- Experimenta una sensación interna de certeza y seguridad.

14- Agranda el sentimiento de unidad.

Capítulo 6 - Problemas comunes

Hay unas cuantas cosas con las que los principiantes suelen lidiar. Cada uno de estos problemas puede ser solucionado con gran facilidad, simplemente hay que ser consciente de ellos.

Nº1 - Dificultades con los pensamientos

Probablemente es el problema más común que tiene la gente, puesto que no pueden dejar de pensar o se distraen muy a menudo. La clave para solucionar este problema es aceptarlo como parte de nuestra meditación (mejorará con el tiempo) y centrarnos en otra cosa que no sean nuestros pensamientos. Recomiendo que nos centremos en las sensaciones físicas de nuestro cuerpo, ya que es como un apoyo para nosotros.

Nº2 - Postura incómoda

Con la experiencia encontrarás qué postura se adapta mejor a ti. Al principio tendrás que hacer cambios varias veces. Otras cosas que puedes hacer es añadir un minuto al tiempo que deseas pasar meditando y utilizarlo para ajustar la postura, tragar si lo necesitas, etc.

Nº3 - Incomodidad

Moverse con nerviosismo, sentirse incómodo y todas las sensaciones parecidas se esfumarán a lo largo de varias semanas. No te preocupes demasiado por ello y tómalo como una parte natural del proceso.

Conclusión

Este libro ha sido escrito como una guía para la gente que nunca ha practicado la meditación pero que ha oído hablar de ella y siente curiosidad. Sí, necesitas acostumbrarte al proceso de meditación, que llega con mucha práctica y tiempo. Sin embargo, ya no tienes excusas para dudar de los beneficios de la meditación ni puedes ignorar la forma en que mejorará tu vida.

Desde que empecé a meditar, noté que mis problemas de salud disminuían y ahora ya soy capaz de concentrarme mucho mejor. Esto es porque no permito que las banalidades se inmiscuyan en mi pensamiento y este proceso solo se consigue a través de la meditación.

Estoy segura de que este libro te ha proporcionado mucha información de gran valía. Si así lo crees, me encantaría que te tomaras un minuto para compartir tus opiniones y escribir una reseña en Amazon. Siempre es bueno empezar el proceso de la meditación, puesto que te va a ayudar tanto como me ha ayudado a mí.

www.ingramcontent.com/pod-product-compliance
Lightning Source LLC
LaVergne TN
LVHW020427080526
838202LV00055B/5070